Demetrio Fernández Muñoz

ÉTER

Apeadero de Aforistas

1ª ed., enero de 2025

Una publicación de Apeadero de Aforistas
www.apeaderodeaforistas.es

Edita: Cypress Cultura
www.cypress.com.es

Thema: QDTJ

ISBN: 979-13-875040-0-7
Depósito legal: 2925-2024

IMPRESO EN LA UNIÓN EUROPEA

ÍNDICE

A Laia,
mi escalera de incendios,
mi fuente, mi raíz y mi cohete

Una disciplina...caprichosa

Juan Ramón Jiménez

Entre morir o matar,
prefiero amor, amar

Luis Eduardo Aute

Las cuatro raíces de las cosas todas escucha cuáles son:
Zeus resplandeciente, Hera dispensadora de la vida,
así como Aidoneo y Nestis,
que con sus lágrimas empapa el mortal hontanar

Empédocles

El aforismo de una línea sin punto

Fernando Menéndez

ACOSMIA

…es un hórrido imperio
sin gobierno
un sol oscurecido
por sí mismo
una voz
deflagrando
en el silencio
una nube de topos
adivinos
unos peces de fuego
soterrados
bajo el embarrado árbol
de los cielos
un rayo
sin su luz
liberadora
un brumoso susurro
a la deriva
un fin como una cruz
un templo en llamas
un piélago sediento
de horizonte
un viento de aspereza
embriagadora
un puente circular
hacia el vacío
un huésped propietario

un rey desnudo
un gallo
en la canción
de una sirena
un gas coagulado
de desierto
un negro amanecer
resplandeciente
un surco de una espina
en la razón
una lluvia
reseca
sin raíces
un ala
entre las rocas
inflamada
una miel
de veneno
en una esponja
un parásito fiel
a su egoísmo
una duna de lava
en la ventisca
un tifón
un espejo
frente al miedo
un pájaro anidando
en una cárcel
un súbito naufragio
de una flecha

un hambriento uroboro
tras sus huellas
un hueco entre la red
un pasaporte
un baúl
un temblor
unas entrañas
un cristal
un rehén
una catástrofe
un desmantelamiento
una coraza
un coro
un lobo
un ojo
un pozo
un foso
allá donde la paz
se desmorona
un ariete
caótico y certero
que enfila
sin ambages
su destino
derribando
las puertas del amor…

VÍA AÉREA

(ÁGAPE)

Nada, casi nada: cielo

Jorge Guillén

El mundo entero lo abarca un hálito, el aire

Anaxímenes

El conocimiento nos brinda la conciencia de la frontera; el amor, la pértiga

Felix Trull

amado al vuelo aterrizó el mundo

*

órbita sin rumbo, la del corazón

*

nada: todo al vapor

*

raíces en el viento son tu abanico

*

obligan a subirse en globo en la imaginación

*

necesita el molino del gigante

*

eólico, erótico, heroico: ciclo vital del amor

ráfagas de paz dispara toda alma

*

anticiclón por sistema

*

a cada silencio su atmósfera

*

aliento en la niebla, así humea la verdad

*

de enrarecerse, de eso trata convivir

*

respira sobre nubes enemigas

*

se busca ángel de la guarda: por experiencia

*

airea el amor incondicional con el acondicionado

ocaso: luz desinflándose

*

en el salto de fe halla tierra firme el pez volador

*

rebufo como metodología

*

antes calzar que alzar el vuelo

*

olor: relieve del aire

*

el aire escribe en el vaho su altavoz

*

zancadillea la fe al tornado

*

ordena el cielo y verás su cráter

racheado, como concepto sin lenguaje

*

en el perdón siempre refresca

*

al abrigo de las isobaras se forma el carácter

*

redoble de alas: utopía

*

aerodinámica como sublimidad ética

*

amanece y el sol es el Hindenburg en llamas

*

siroco en las venas: ser adolescente

*

el poder de la capa reside en ser alfombra

alerta con la asfixia por felicidad

*

dirige el timón de tu veleta

*

arrepentirse densifica la paz

*

záfate de tu tifón atormentándolo

*

ombligo: fósil de pulmón

*

niebla firme, he aquí la duda

*

aire puro: exorcismo y reencarnación

*

nuestro autorretrato: partículas en suspensión

nimbo de luz plomiza, de gris reluciente

*

eleva el tiempo a la mínima tempestad posible

*

el cielo es un desierto de agua, un océano de sed

*

desde un aerostato nos zambullirá la muerte

*

es un gas terrenal el que hincha a una tribu

*

un ojo avizor y otro a la funerala, así miran los sabios

*

si suenan los caligramas, por fin corre la brisa

*

al recordar, nuestra memoria inhala con aerosol

la esperanza son silbidos

*

ser: aerografía del resto de los verbos

*

supongamos que el cielo se derrama

A PUERTO

(PHILIA)

Ved mi corazón flotando
sobre su cuerpo sencillo

Jaime Sabines

La tierra descansa en el agua, como en una isla

Tales de Mileto

Las amistades nocturnas parecen sólidas,
pero suelen ser líquidas

Ramón Eder

amando a cántaros, como hace un buen amigo

*

goteras sedientas de tu techo

*

chorrearía para que bebieses y viceversa

*

sábanas en el abismo, cuando me proteges

*

gestos bajo el agua, a eso aspira todo poema

*

marea: orilla a caballo

*

llorar por ti hasta llover

vértigo de flotar sin rincón

*

contigo no hay sequía y llueve menos

*

nos corre la misma sangre por el espíritu

*

tú y yo, entre dos aguas, la misma gota

*

tamaño amigo: un maremágnum a morro

*

rodrigón y riego, así crece una amistad como debe

*

belleza: abrevarse en acuarela

*

la rana se ennoblece en nuestra charca

cara a cara mana la sinceridad y nos salpica

*

que el destino nos saque a flote

*

terrestres, pero azules

*

les ruge el silencio a las cascadas

*

das y te depuras, como la lluvia

*

viaja como un licor que recordar

*

dársena para tus penas y alegrías

*

as, aunque la baraja esté mojada

dado a naufragar: el tiempo

*

pozos que anidan

*

danza la ola lo que le canta el viento

*

toda la mar acaba siendo espuma

*

maciza, porque nuestra amistad fluye

*

yeso y agua, así son los amigos

*

góspel: drenaje del himno

*

no hay inspiración sin arrecife

fe en un cielo a flor de agua

*

guarida de la muerte: la burbuja

*

jamás termina en uno de cocerse la idea de morirse

*

se perfuma la mañana con rocío

*

ojos de poeta: alas de buceo

*

océano, recibe este sol oxidándose mientras chapotea

*

achica las ideas pantanosas

*

sastre de mis lágrimas cuando se descosen

sumergirse en la memoria y ver hundirse el paraíso

*

somos plancton a bordo de una metrópoli

*

líquido, como el cuello del búho

*

horizonte: paradoja del acabose

*

se vive como se cruza el Rubicón

*

concienciarse de que quienes se mojan te aman

ENTRE ANTORCHAS

(EROS)

Luz cuajada
que en ofrenda de amor se alarga al cielo

Miguel de Unamuno

Este mundo siempre fue, es y será fuego
eternamente vivo

Heráclito

El amor implica una jauría para los sentidos, o no es

Ricardo Virtanen

amar, yo, como tú, como el fuego, sin correas

*

reas pasiones consumidas por inocentes palabras

*

labras con humo la tinta de mi pensamiento

*

miento si contigo no me ahogo y me oxigeno

*

genoma: chispa de un fénix chorreante

*

ante el enamoramiento, la lógica churruscada

*

cada instante es destello desangrado

grado superlativo en los adjetivos que me envías

*

vías púbicas: allá donde encender un íntimo jaleo

*

leo en tu corazón de ceniza desenfrenada

*

nada como fulminante combinación

*

nación del deseo, tierra quemada donde me disperso

*

personalmente, prendo el plural si te conjugo

*

jugosidad, la de tu leña crepitando en la tormenta

*

menta roja, acaricida por naranjas y una yema azulete

Leteo: río contra el que, entre rescoldos, remar unidos

*

nidos a lo bonzo aleteando

*

ando por el filo de un volcán que se desboca

*

bocanada, el más inflamable de los compuestos

*

puestos a quemarnos, nos hundimos

*

dimos fe de iluminarnos con un dios extranjero

*

jeroglífico: tu alma a fuego en mi cuerpo y viceversa

*

versátil va tu lengua y sin cortafuegos la rodeo

deo volente, arder en la tierra como en el paraíso

*

isotérmica tu luz que me aclimata

*

mataría tu muerte a pavesas

*

besas con el fragor de los koalas

*

alas de cera soy para tus llamas

*

llamas a las puertas del infierno que me incautas

*

cautas, beben mis ascuas en tu oasis

*

asistimos en el parto a las fogatas

gatas ronroneándonos en la fragua de los oídos

*

idos, y no entendimos, porque la sintaxis se abrasaba

*

sábanas descosidas a quemaduras

*

duras leyes incineradas en nuestra balanza

*

lanzado al crematorio, de no haber sucedido

*

Dido y Eneas: mechero y épica

*

picaron el anzuelo los dragones y llegó el rescate

*

catequizar en el sol al vampiro

pirómano frente a al boscoso apetito que no te apaga

*

pagaré mi condena extinto y refulgente

*

gente intentando pisotear nuestra salamandra

*

mandrágoras sembraste, hirviendo entre mis vísceras

*

ceras de fogueo con las que tintaremos el alcázar

*

cazar la estrella en las tinieblas

*

nieblas entre las que irradia un nocturno

*

turno para la ignición indomesticable

cableado: nuestro incendio desmandado

*

dado que te avivas, mi viento hacia ti se encamina

*

minarete al calor de tu gemido

*

mido tu temperatura cual factótum

*

totum revolutum, como un alud en cohete

*

heterónimos, rociadnos con gasolina

*

linaje del amor, incombustible como una acémila

*

milagro: en nuestra hoguera, un denso olor a mar

DEL FRUTO

(STORGE)

Mis pupilas terrestres remedos cielinos

Alejandra Pizarnik

De la tierra nace todo y en tierra todo acaba

Jenófanes

En última instancia el amor verdadero es indiscernible de la bondad

Miguel Catalán

amor: tierra a la vista

*

vista mi alma sobre el terremoto, firme echa raíces

*

raíces celestiales empíreas entre mis brazos

*

brazos de mar sembrando en nuestro mapa

*

mapamundi, concluso tras vuestra conquista

*

conquista: cultivar en el cielo y recoger en el desierto

*

desierto está el espejismo: todo son oasis

oasis a medida de mi sed

*

sed la causa de la semilla y el azar de la flor

*

flor contra del odio: recolecta de la madurez

*

madurez: dulce pulso con la muerte

*

muerte, deja tus campos en barbecho

*

barbecho como brotes morales que alimentan la nada

*

nada os aterre: nada os entierra, nada os destierra

*

destierra aquella luz que no fermente sombras

sombras, o acequias luminosas

*

luminosas, las cavernas que plantáis

*

plantáis una ternura que atrae al parásito del miedo

*

miedo a una sequía de lo que somos

*

somos selva doméstica, macedonia en la boca

*

boca a boca se dibuja nuestro árbol genealógico

*

genealógico, como cementerio que reverdece

*

reverdece el tiempo, siempre tras de sí

sí, no maneja otro adverbio la naturaleza

*

naturaleza: injertos de gravedad

*

gravedad, con apero, es corteza fútil

*

fútil porvenir, el de la rama sin su tronco

*

tronco va, así la vida misma deforesta paraísos

*

paraísos: tomadlos como fruta de temporada

*

temporada de hortus conclusus asilvestrándose

*

asilvestrándose se encauza el destino

destino entre razón y contingencia, como el del polen

*

polen: rapto, odisea y metamorfosis

*

metamorfosis como traje a medida

*

medida y abono, eso deseo para vuestros sueños

*

sueños como junglas torrenciales a las que adaptarse

*

adaptarse a que florezca el edén de todos

*

todos somos pasto entre trasplantes

*

trasplantes de bosques edificaron a mi corazón

corazón sembrado siempre cosecha

*

cosecha eterna, una vez Sísifo reciba misericordia

*

misericordia como la ejercida por la primavera

*

primavera: matemáticas atiborrándose de vida

*

vida y milagro deben ser sinónimos

*

sinónimos de hijo: zubia, cortafuegos, espiga

*

espiga y vencerás

*

vencerás al rodrigón al crecer, recuerda, solo al crecer

crecer a ritmo de arado

*

arado el ego, germina el amor

SPHAIROS

el amor desempaña la mirada
minimiza los años, prevalece,
rescata el cereal de los rastrojos,
medra frágil, maquina contra el hábito,
recluta a los sentidos sin licencia,
desorienta el error, animaliza,
viaja al raso, custodia la existencia,
palpita en la mordaza del lenguaje,
macera las corazas, colma el surco,
enfrenta a la rutina contra el tiempo,
ablanda la firmeza, todo pide,
nada guarda, saquea la elisión,
acude al laberinto sin ovillo,
fertiliza el milagro, calza el vuelo,
da, vacía, acostumbra a desbordarse,
expurga el desencanto, rebautiza,
coincide con los sueños, acordona
los castillos de arena, reanuda
el cronómetro, adorna los infiernos,
palia la soledad, desacredita
las leyes perentorias de la muerte,
alberga el horizonte, mordisquea
las uñas al silencio, simboliza
el indicio, sospecha del propósito,
embarca la ilusión, tiñe de anhelo
al corazón sombrío, reverbera,

emerge, teje, cuaja, cruje, surge,
agranda el pormenor, archiva el tedio,
endereza el otoño, cruza a ciegas,
acuña la moneda del destino,
materializa el alma, fagocita
la fuerza hospitalaria del parásito,
constriñe el universo, duerme en vela,
delira por sumirse en los reflejos,
se adueña del mensaje de la música,
despeja de la lógica al azar,
disuelve los paréntesis, se impone,
vira hacia el ecuador desde los polos,
alumbra a las luciérnagas, se basta,
jamás toca pared, homenajea
las victorias menores, alborota
el orden sosegado de los días,
insiste en auscultar los trabalenguas,
enardece las lágrimas, se arraiga,
explora, se arrellana en primavera,
se aprieta el cinturón contra el hastío,
depreda a la razón, cesa a la nada,
aturde los valores por placer,
con azar adivina, merodea
a cara descubierta, desayuna
la noche incandescente entre el rocío,
tropieza con la trampa ganadora,
negocia con la duda, prepondera,
descabeza el pasado, permanece
sonámbulo, requisa los remedios,
se viste de su espejo restaurado,

moldea las ficciones de los dioses,
resiste el temporal, desproporciona
la inhumana medida de las cosas,
resta, suma, divide, multiplica,
rastrea el escondite, resplandece,
ensancha las fronteras del perdón,
fabrica con la paz el paraíso,
resuelve el absoluto relativo,
el círculo confuso, inquebrantable,
del vórtice mullido contra el odio…